MATEMÁTICA

1ª Edição 2022

Presidente: Paulo Roberto Houch
MTB 0083982/SP
Estagiário: Caio Padilha (textos)
Programador visual: Renato Darim Parisotto
Colaborou nesta edição: Priscila Sipans (edição)
Coordenação pedagógica: Izildinha H. Micheski
Impresso no Brasil.
Foi feito o depósito legal.

1ª Impressão

O58c On Line Editora

Cartilha Caminhos da Alfabetização - Matemática 2 a 4 anos / On Line Editora. - Barueri : On Line Editora, 2022.
64 p. ; 20,5cm x 27,5cm.

ISBN: 978-65-5547-507-4

1. Alfabetização. 2. Matemática. I. Título.

2022-1717

CDD 372.41
CDU 372.41

IBC – Instituto Brasileiro de Cultura LTDA
CNPJ 04.207.648/0001-94 Avenida Juruá, 762 – Alphaville Industrial
CEP. 06455-907 – Barueri/SP Vendas: Tel.: (11) 3393-7723 (vendas@editoraonline.com.br)
Visite nossa loja www.revistaonline.com.br

ESTE LIVRO PERTENCE A:

VAMOS APRENDER OS NUMERAIS?
COMECE PRATICANDO O NUMERAL **ZERO**.

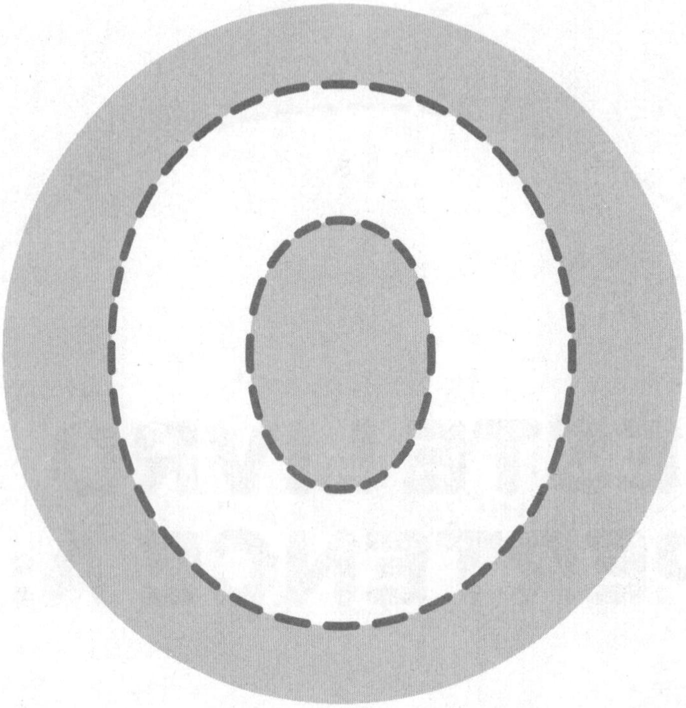

zero - zero - zero

zero - zero - zero

UM DOS AQUÁRIOS NÃO POSSUI NENHUM PEIXE, OU SEJA, **ZERO**. PINTE-O PRIMEIRO QUANDO ENCONTRÁ-LO.

PINTE AS PEÇAS DE DOMINÓ QUE NÃO POSSUEM BOLINHAS, OU SEJA, QUE PODEM SER REPRESENTADAS PELO NÚMERO **ZERO**.

ESTE RATINHO VEIO ENSINAR A VOCÊ O NUMERAL **1**. AGORA, DEIXE A MÃO BEM MOLINHA PARA APRENDER A TRAÇAR SUA REPRESENTAÇÃO ESCRITA.

Um rato

um - um - um - um

um - um - um - um

1

CIRCULE APENAS **UMA** GIRAFA.

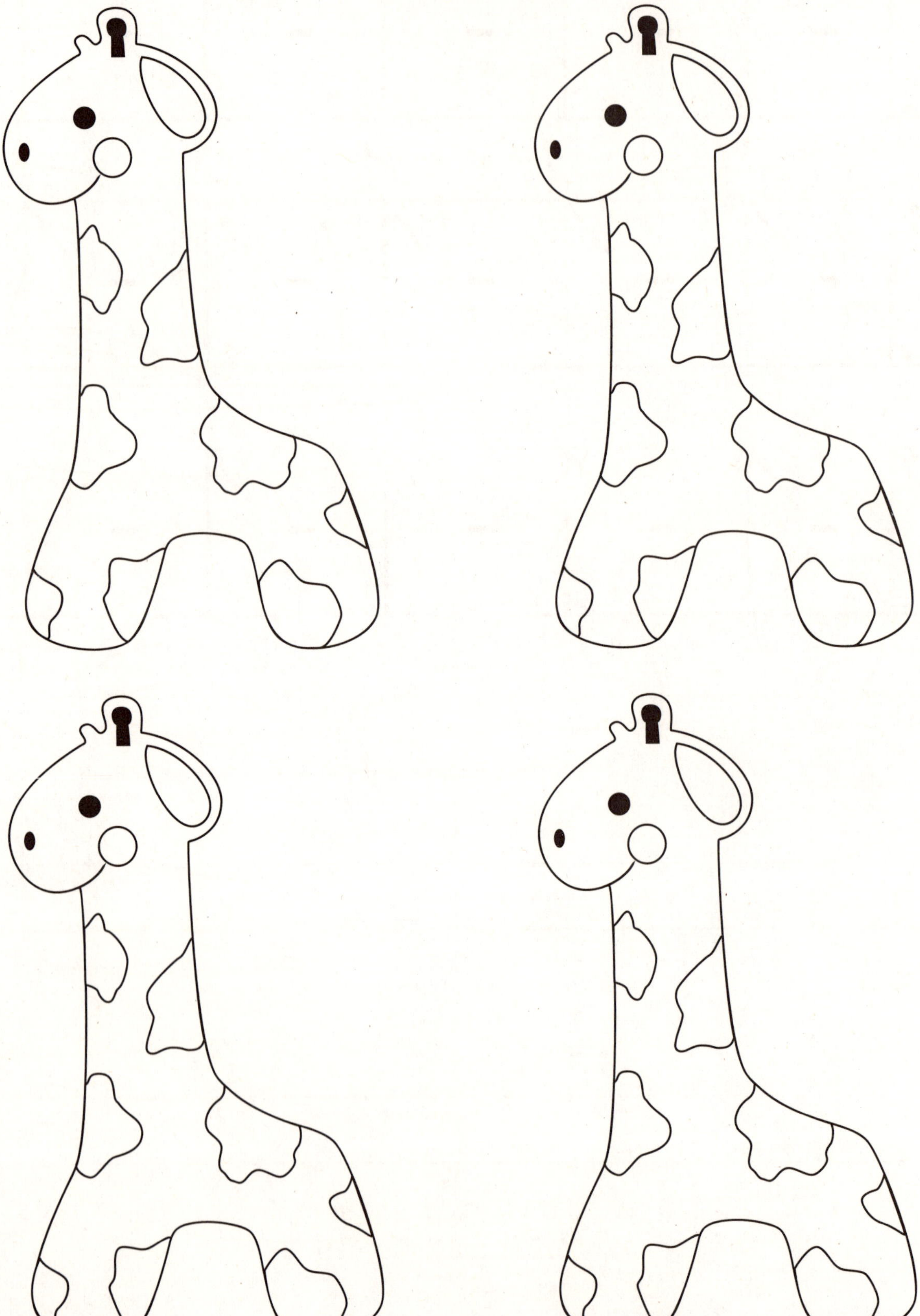

APENAS **UM** DESTES MEIOS DE TRANSPORTE PODE VOAR.
PINTE-O QUANDO ENCONTRÁ-LO.

SÃO **DOIS** URSOS FOFINHOS! É HORA DE APRENDER O NUMERAL **2**! CAPRICHE NOS TRACEJADOS.

Dois ursos

dois - dois - dois

dois - dois - dois

2 - 2 - 2 - 2 - 2

2 - 2 - 2 - 2 - 2

2 - 2 - 2 - 2 - 2

ENCONTRE E PINTE OS **DOIS** BONECOS DE NEVE IDÊNTICOS.

QUAL É O NÚMERO REPRESENTADO PELOS DEDOS ABAIXO?

....

SÃO **TRÊS** HELICÓPTEROS. É FÁCIL APRENDER A ESCREVER O NUMERAL **3**. VAMOS TENTAR?

Três helicópteros

três - três - três

três - três - três

3 - 3 - 3 - 3 - 3

3 - 3 - 3 - 3 - 3

3 - 3 - 3 - 3 - 3

PINTE COM A COR VERMELHA O DADO QUE REPRESENTA O NÚMERO **TRÊS**.

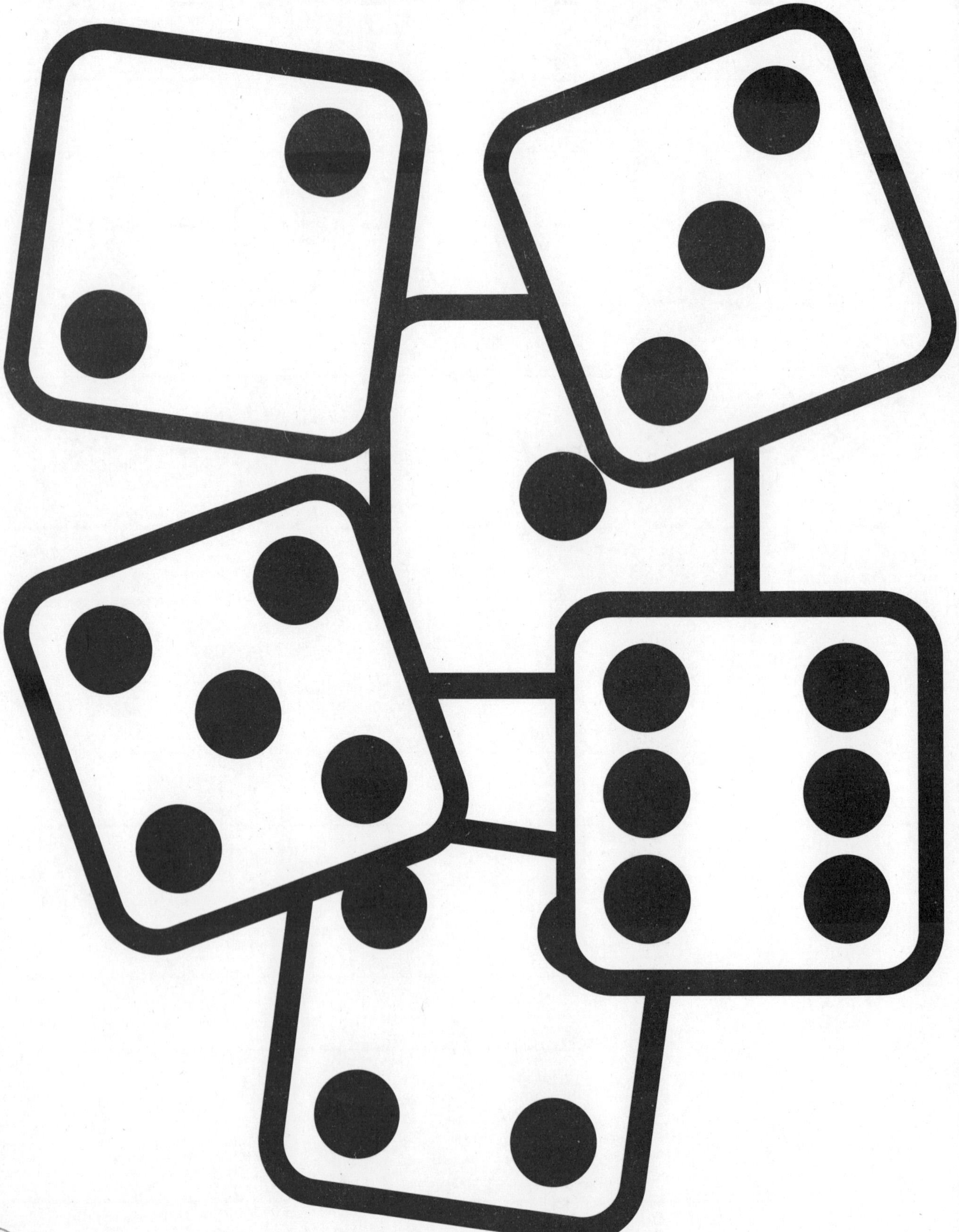

QUANTOS CORAÇÕES EXISTEM ABAIXO?
CONTE E RESPONDA NO ESPAÇO INDICADO.

HÁ **QUATRO** LINDAS BONECAS NESTA PÁGINA.
QUE TAL APRENDER O NUMERAL QUE AS REPRESENTA?

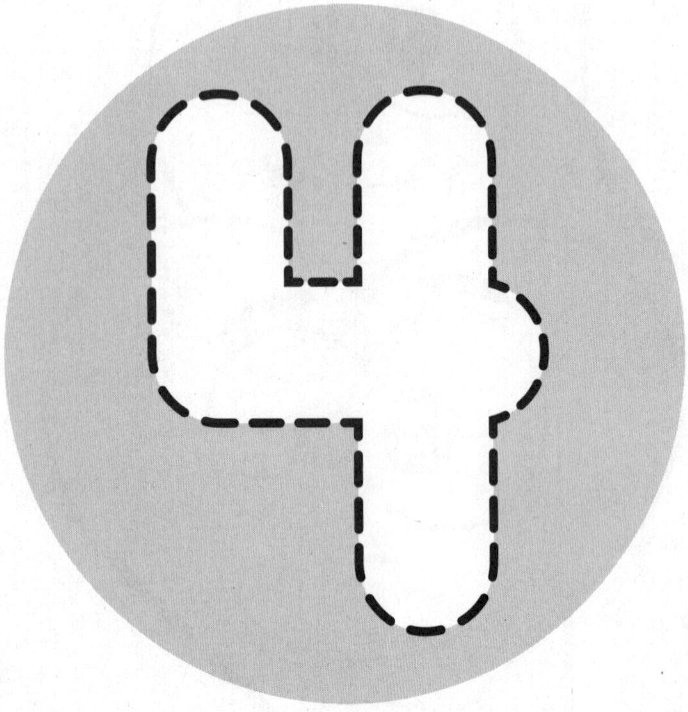

Quatro bonecas

quatro - quatro

quatro - quatro

PINTE TODAS AS CONSTRUÇÕES ABAIXO. QUANTAS VOCÊ CONSEGUE VER? RESPONDA NO ESPAÇO INDICADO.

PINTE O ANIMAL QUE POSSUI **QUATRO** PATAS.

EXISTEM **5** PIPAS VOANDO NO CÉU. PRATIQUE A ESCRITA DESSE NUMERAL COM ATENÇÃO.

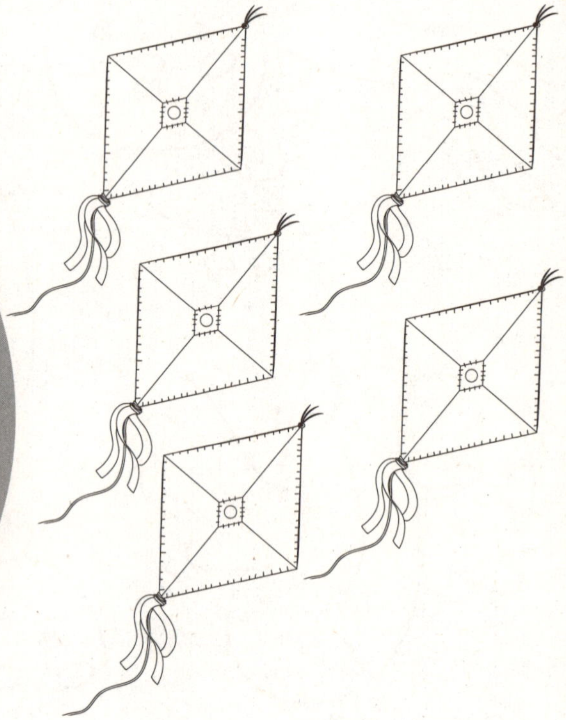

Cinco pipas

cinco - cinco

cinco - cinco

5 - 5 - 5 - 5 - 5

5 - 5 - 5 - 5 - 5

5 - 5 - 5 - 5 - 5

PINTE ABAIXO SOMENTE **CINCO** ROSQUINHAS.

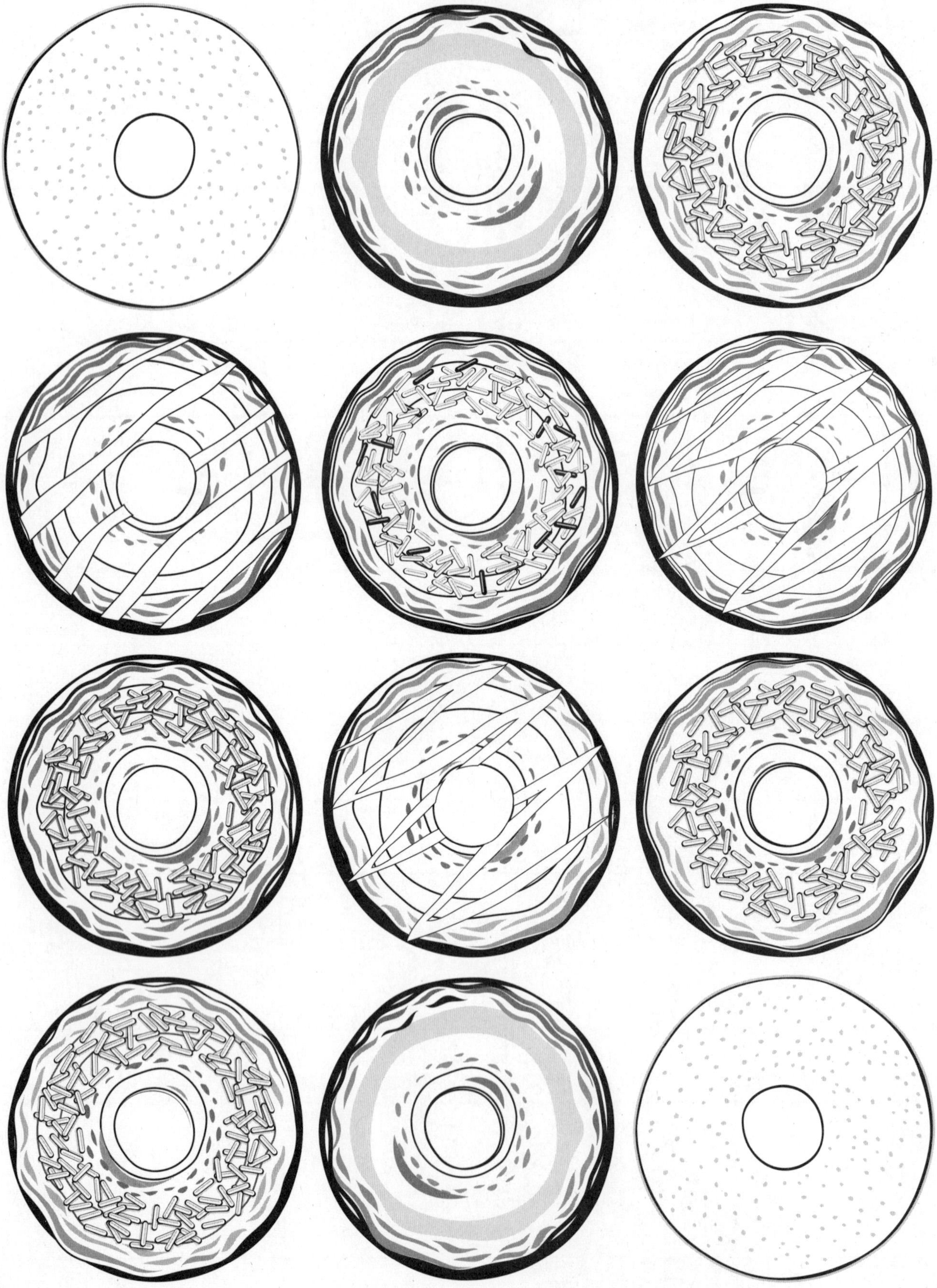

PINTE A JOANINHA QUE POSSUI **CINCO** MANCHAS.

SEIS BLOCOS DE MONTAR ESPERAM PELAS SUAS CORES!
DEPOIS DE PINTÁ-LOS, APRENDA A ESCREVER O NUMERAL **6**!

Seis blocos

seis - seis - seis

seis - seis - seis

seis - seis - seis

6 - 6 - 6 - 6 - 6

6 - 6 - 6 - 6 - 6

6 - 6 - 6 - 6 - 6

É UM DIA CHUVOSO! VAMOS PINTAR PRIMEIRO A NUVEM COM **6** RAIOS?

USE A SUA COR FAVORITA PARA PINTAR TODOS OS NÚMEROS **6**. DEPOIS, PINTE OS DEMAIS.

SETE CARROS ESTÃO AGUARDANDO CONSERTO. ENQUANTO ISSO, QUE TAL APRENDER A ESCREVER O NUMERAL QUE OS REPRESENTA?

7

Sete carros

sete - sete - sete

sete - sete - sete

PINTE O DINOSSAURO QUE POSSUI **SETE** ESPINHOS.

CONTE E PINTE 7 MOCHILAS USANDO A COR AZUL.

SÃO **OITO** BOLAS DIVERTIDAS PARA AS CRIANÇAS BRINCAREM!
É HORA DE APRENDER A ESCREVER O NUMERAL **8**.

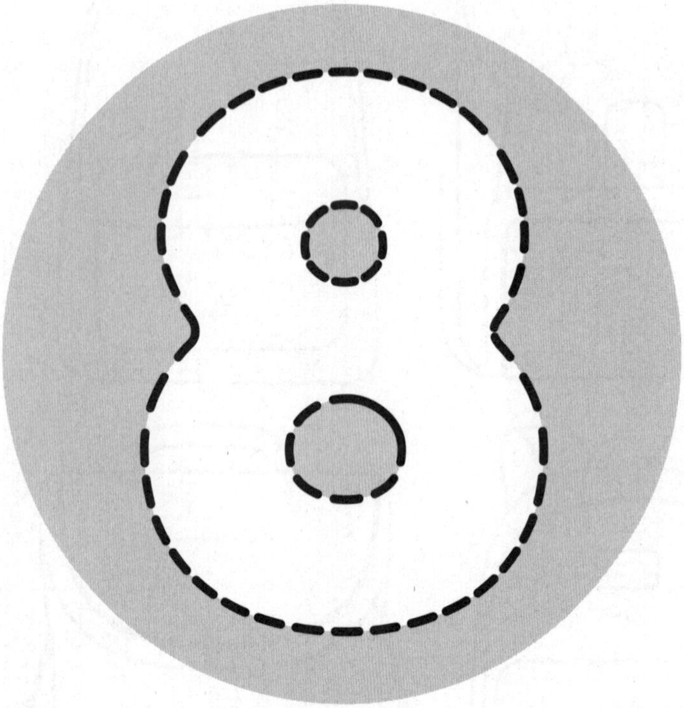

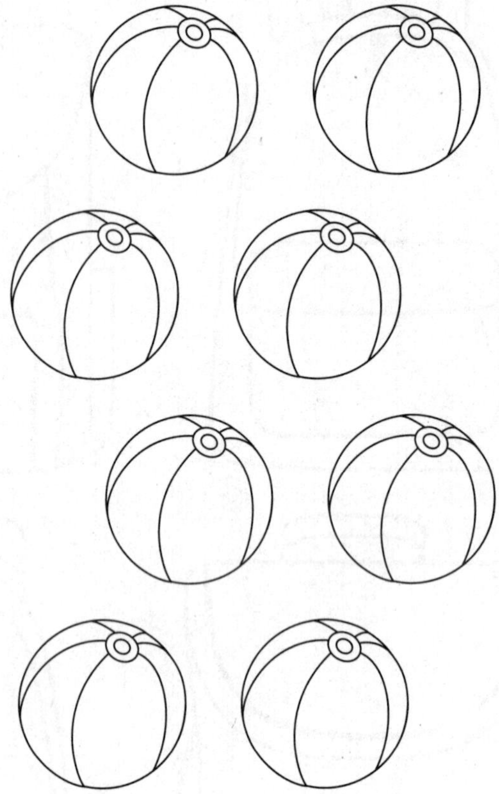

Oito bolas

oito - oito - oito

oito - oito - oito

8 - 8 - 8 - 8 - 8

8 - 8 - 8 - 8 - 8

8 - 8 - 8 - 8 - 8

DÊ CORES ESPECIAIS A ESTAS CANETAS E LÁPIS! DEPOIS, ESCOLHA **8** DELES PARA SEREM GUARDADOS NA MOCHILA.

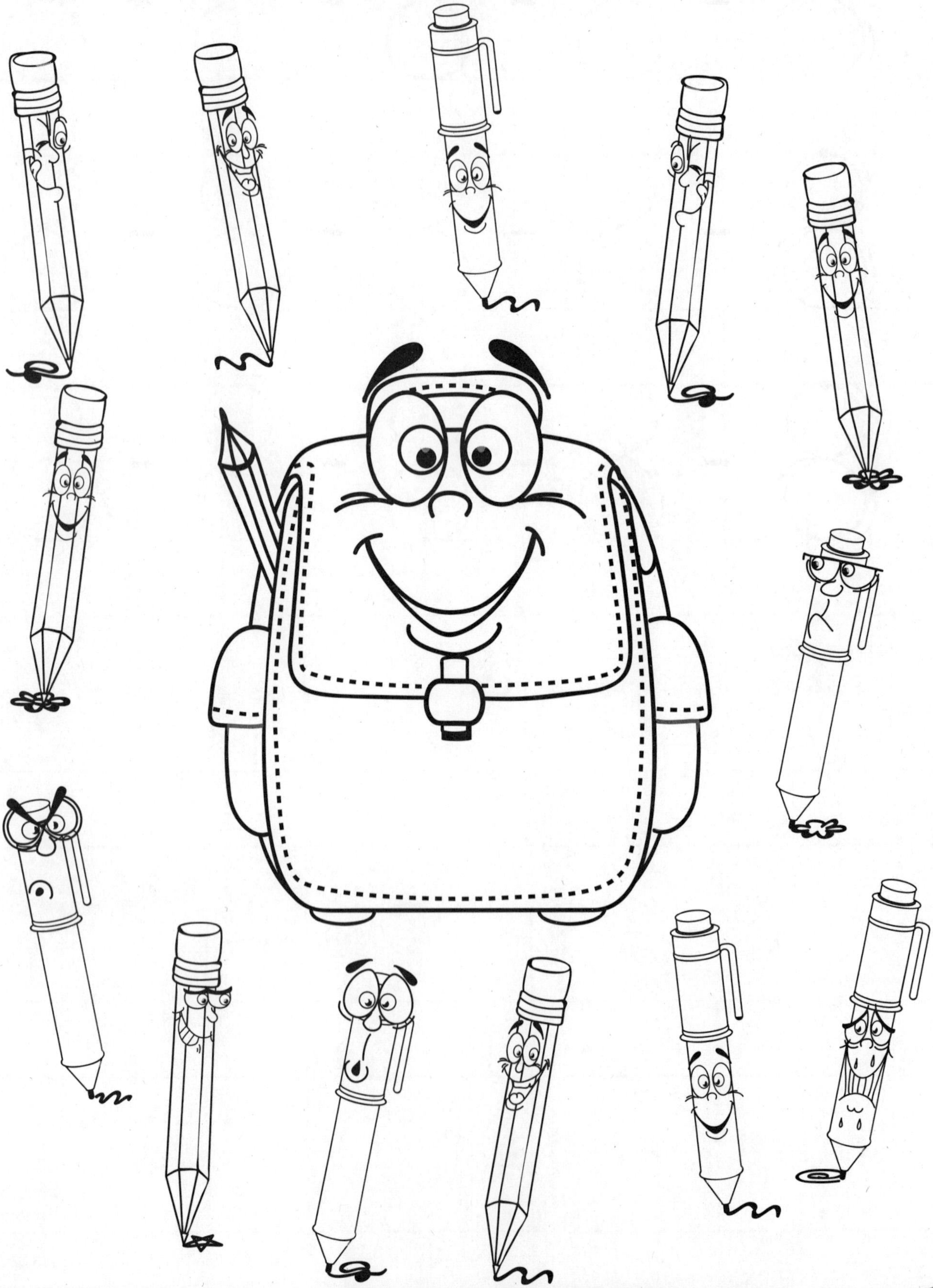

QUANTOS TENTÁCULOS TEM O POLVO?
DEPOIS DE CONTAR E REGISTRAR O NÚMERO NO ESPAÇO INDICADO, DÊ LINDAS CORES A ELE!

SÃO **NOVE** TARTARUGAS. VAMOS PINTAR CADA UMA DE UMA COR DIFERENTE E, DEPOIS, PRATICAR O NUMERAL QUE AS REPRESENTA?

Nove tartarugas

nove - nove - nove

nove - nove - nove

9 - 9 - 9 - 9 - 9

9 - 9 - 9 - 9 - 9

9 - 9 - 9 - 9 - 9

PINTE PRIMEIRO O CACHORRO QUE POSSUI **9** MANCHAS.

FAÇA AS CONTINHAS. DEPOIS,
CIRCULE A QUE TEM O MAIOR RESULTADO.

$$\begin{array}{r} 4 \\ +\ 2 \\ \hline \end{array}$$

$$\begin{array}{r} 5 \\ -\ 4 \\ \hline \end{array}$$

$$\begin{array}{r} 6 \\ +\ 3 \\ \hline \end{array}$$

$$\begin{array}{r} 2 \\ +\ 1 \\ \hline \end{array}$$

DEZ PIÕES DEVEM SER COLORIDOS!

10

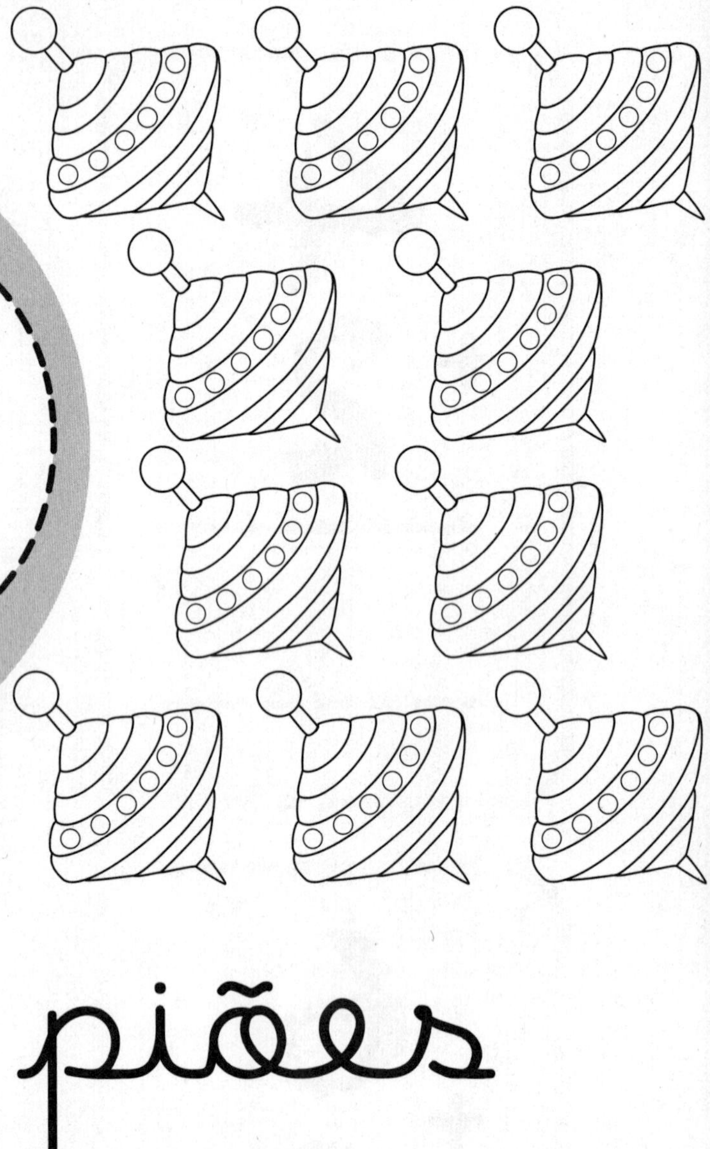

Dez piões

dez - dez - dez

dez - dez - dez

10 - 10 - 10 - 10

10 - 10 - 10 - 10

10 - 10 - 10 - 10

PINTE O CASTELO QUE POSSUI **DEZ** JANELAS.

VAMOS COMPLETAR A AMARELINHA
COM OS NÚMEROS QUE FALTAM?

AGORA QUE VOCÊ JÁ APRENDEU OS NÚMEROS DE **0** A **10**, COMPLETE CADA UMA DAS SEQUÊNCIAS A SEGUIR.

1 - 2 - 3

2 - .... - 4

5 - .... - 7

7 - .... - 9

PINTE A FRUTA QUE ESTÁ EM CIMA.

PINTE A FRUTA QUE ESTÁ EMBAIXO.

PINTE A FRUTA QUE ESTÁ EMBAIXO.

ESCREVA OS NÚMEROS QUE ESTÃO FALTANDO.

PINTE O ANIMAL QUE ESTÁ À SUA DIREITA.

PINTE O ANIMAL QUE ESTÁ À SUA ESQUERDA.

PINTE O ANIMAL QUE ESTÁ À SUA DIREITA.

COMPLETE A SEQUÊNCIA NUMÉRICA QUE APARECE NAS NAVES ABAIXO.

CONECTE OS PONTOS DE **1** A **10** PARA COMPLETAR A FIGURA DESTA SIMPÁTICA BORBOLETA.

LIGUE AS CONTINHAS AOS RESULTADOS CORRESPONDENTES.

$1 + 2$	5
$2 + 3$	7
$3 + 4$	3
$8 + 1$	9

LIGUE CADA NÚMERO AO CONJUNTO DE BORBOLETAS CORRESPONDENTE.

5

3

7

6

CIRCULE QUAL CONTA TEM O MAIOR RESULTADO.

+ 2
5

+ 3
3

+ 4
3

+ 6
2

+ 8
1

+ 7
3

VAMOS ENCONTRAR **CINCO** DIFERENÇAS ENTRE AS CENAS?

RESOLVA AS CONTAS DE SUBTRAÇÃO ABAIXO.

$$\begin{array}{r} 4 \\ -\ 1 \\ \hline \end{array}$$

$$\begin{array}{r} 7 \\ -\ 1 \\ \hline \end{array}$$

$$\begin{array}{r} 9 \\ -\ 4 \\ \hline \end{array}$$

$$\begin{array}{r} 8 \\ -\ 6 \\ \hline \end{array}$$

USE A SUA COR FAVORITA PARA PINTAR TODOS OS NÚMEROS **8**.

COMPLETE AS SEQUÊNCIAS A SEGUIR.

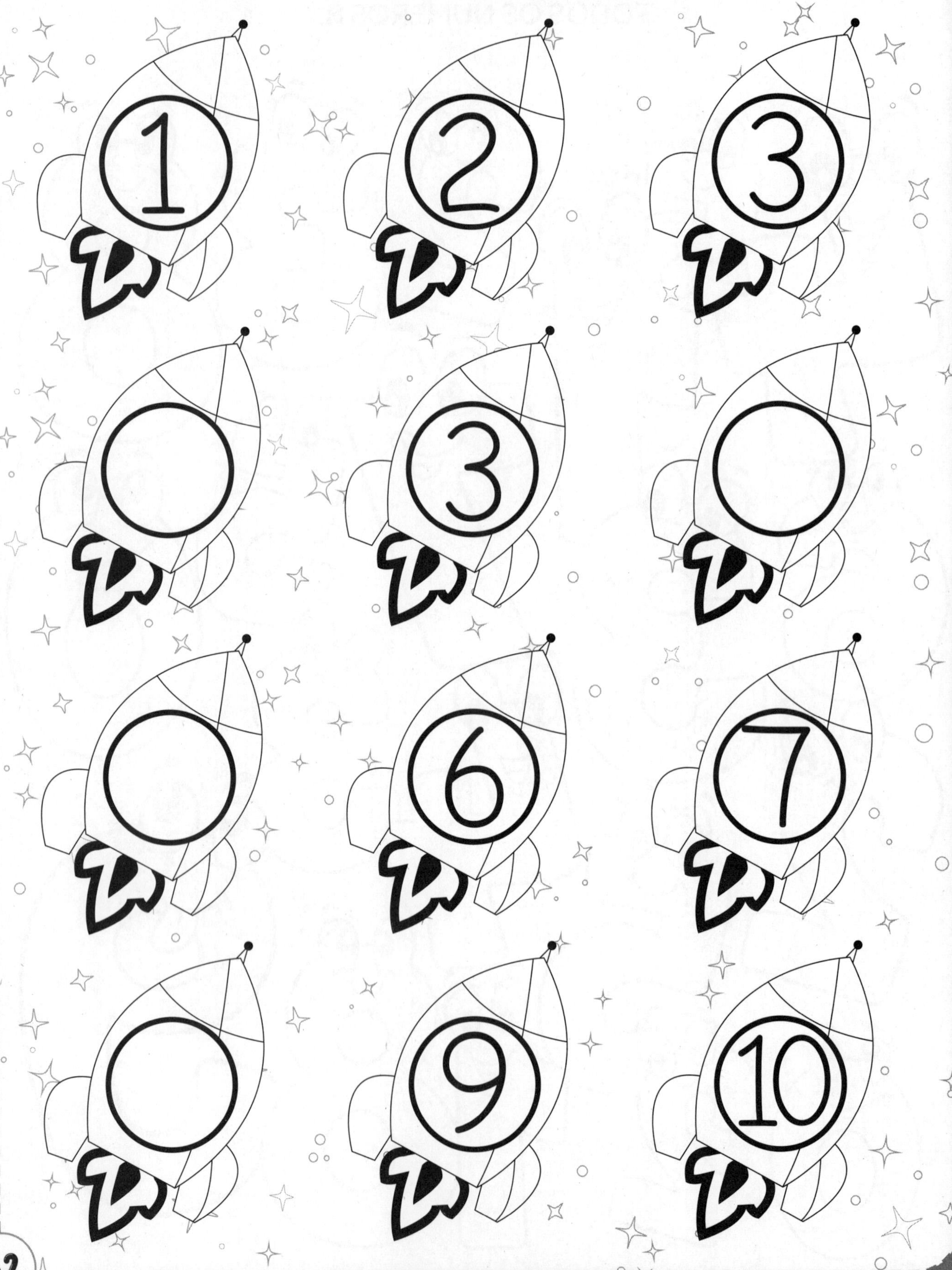

QUANTOS DE CADA ITEM VOCÊ CONSEGUE VER ABAIXO?

RELACIONE A QUANTIDADE DE PINGOS DE CHUVA AO NÚMERO CORRESPONDENTE.

5

6

8

3

LIGUE A QUANTIDADE DE CADA CONJUNTO AO NÚMERO CORRESPONDENTE.

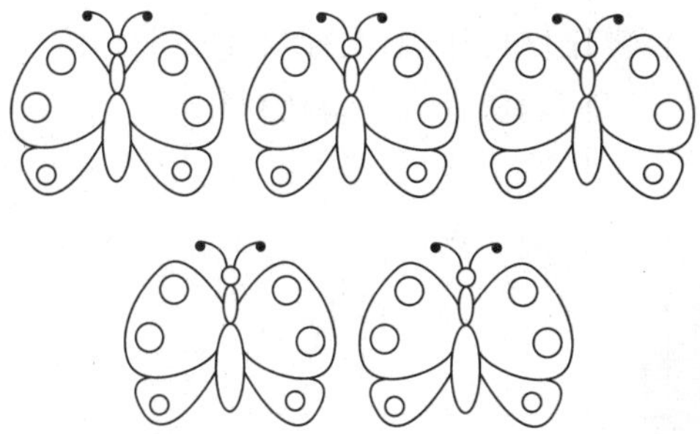

2

5

7

9

DIPLOMA

MUITO BEM! VOCÊ CONCLUIU ESTA CARTILHA E JÁ CONHECE AS QUANTIDADES E OS NÚMEROS DE **0** A **10**! PARABÉNS!

SEU NOME

____

_____/_____/_____

DATA

____

ASSINATURA